DIRTY JOKES

Englisch / Deutsch

Herausgegeben von Matthias Rüdinger
Illustriert von Michael Steinig

Eichborn.

Die Deutsche Bibliothek – CIP-Einheitsaufnahme

Schmutzige Witze : Englisch/Deutsch / Matthias Rüdinger. –
Frankfurt am Main : Eichborn
[1.] Dirty jokes. – 1999
ISBN 3-8218-2673-8

© Eichborn GmbH & Co. Verlag KG, Frankfurt am Main,
Februar 1994.
Übersetzung: Matthias Rüdinger.
Illustrationen: Michael Steinig.
Satz und Layout: KGB • Kölner Grafik Büro
Druck und Bindung: Fuldaer Verlagsanstalt GmbH
ISBN 3-8218-2673-8

Verlagsverzeichnis schickt gern:
Eichborn Verlag, Kaiserstraße 66, D-60329 Frankfurt am Main
http://www.eichborn.de

What's green a hangs from trees?
Giraffe snot.

Was ist grün und hängt an Bäumen?
Giraffenrotz.

Australia:
Where men are men
and sheep are nervous.

Australien:
Wo Männer Männer sind
und die Schafe nervös.

What did Jesus say
while hanging on the cross?
„This is a hell of a way to spend
Easter vacation."

Wie sagte doch Jesus, als er am Kreuz hing?
„Ziemlich beschissen,
so die Osterferien zu verbringen."

One day when the teacher walked to the chalkboard, she noticed someone had written the word PENIS in tiny letters. She turned around and scanned the class looking for a guilty face. Finding none, she quickly erased it and begann class.

The next day she went into the room and noticed in larger letters, written about halfway across the board, the word PENIS. Again, she looked around in vain for the culprit, so she proceeded the day's lesson.

Every morning for about a week, she went into the classroom and found the word PENIS written on the board, each day's letters larger than the previous one's. Finally, one day, she walked in expecting to find the word PENIS written in the board again and found instead the words:

„The more you rub it, the bigger it gets."

Kommt die Lehrerin eines Morgens in die Klasse und sieht das Wort PENIS in winzigen Buchstaben an der Tafel stehen. Sie dreht sich um und sucht in der Klasse nach jemand, der sich durch seinen Blick verrät. Als sie keinen findet, wischt sie das Wort schnell weg und beginnt mit dem Unterricht. Am nächsten Tag steht das Wort PENIS in größeren Buchstaben an der Tafel. Wieder wischt sie's weg, sucht vergeblich nach einem Verdächtigen und beginnt ihre Stunde.

So geht das fast eine Woche. Jeden Tag wird das Wort an der Tafel ein bißchen größer als am Tag zuvor. Doch auf einmal, als sie schon fest damit rechnet, daß PENIS riesengroß auf der Tafel steht, findet sie statt dessen:

„Je mehr Sie dran reiben,
desto größer wird er."

*There was this guy who desperately
wanted to have sex with his girlfriend.
However he was too embarrassed,
because of his extremely small penis.
So one night, he took her to a dark place
where she couldn't see it and, after
furiously making out with her, dropped
his pants and put his penis in her hand.
,,Sorry, I don't smoke,"
she whispered.*

Da war der Typ, der es unbedingt endlich mit seiner Freundin treiben wollte, aber sich nicht traute, weil er so einen kleinen Schwanz hatte.
Eines Nachts schleppt er sie in irgendeine dunkle Ecke, wo sie nichts sehen kann, knutscht wild mit ihr und macht sie heiß.
Dann zieht er sich die Hosen runter und drückt ihr seinen Schwanz in die Hand.
„Sorry," sagt sie,
„aber ich rauche nicht."

Too cruel to be translated:

What do you call an Somalian in a
dinner jacket?
An optimist.

What do you call an Cambodchian
family with two dogs?
Ranchers.

One night little Johnny finished his prayers with „God bless Grandma," and the very next day his grandmother kicked the bucket. Johnny told his family about his prayer but no one seemed to give it too much thought. A week later he ended his prayers with „God bless Grandpa", and the next day his grandfather died. The family was running a little scared by now, and when Johnny finished his prayers one night with „God bless Daddy", his mother thought maybe she better warn her husband about it.

All that night Johnny's dad couldn't sleep for worrying, and the next day he came home from work early. „I had a terrible day worrying about all this", he confided to his wife.

„You think you had a bad day," she said. „But the poor mailman came to the door and dropped dead."

Eines Abends beendete der kleine Johnny sein Gebet mit den Worten: „Gott schütze die Oma." Und am nächsten Tag biß die alte Dame ins Gras. Johnny erzählte seiner Familie von seinem Gebet, aber keiner machte sich viel Gedanken darum. Eine Woche später betete er „Gott schütze Opa" - und am nächsten Tag war der Großpapa im Jenseits. Da begann sich die Familie ein wenig zu sorgen, und als Johnny am nächsten Abend sein Gebet mit den Worten „Gott schütze Papa" beendete, dachte sich Johnnys Mutter, daß sie ihren Mann am besten warnen sollte. Johnnys armer Papa konnte die ganze Nacht nicht schlafen und kam am nächsten Tag viel früher als sonst von der Arbeit. „Ich hatte 'nen schrecklichen Tag, konnte an nichts anderes denken." Da antwortete seine Frau:

„Du denkst, du hattest 'nen üblen Tag. Aber der arme Postbote kam zur Tür rein und fiel tot um."

*What do they give a cannibal
who is late for dinner?
The cold shoulder.*

Was gibt man einem
Kannibalen, der zu spät zum
Essen kommt?
Die kalte Schulter.

A cop on the beat came across a man with his finger stuck up another man's ass.

"Hey, what's going on here?" asked the cop gruffly.

"This guy had too much to drink and I'm trying to make him throw up," was the explanation.

"Putting your finger in his asshole isn't going to do the trick," said the cop.

"No, but when I take it out and put it in his mouth it will!"

„Do you smoke after sex?"
„I don't know. I never looked."

„Rauchst du nach dem Bumsen auch immer?"
„Weiß nich'. Hab'noch nie nachgeguckt."

*What did the elephant
say to the naked man?
„How d'you breathe
through that thing?"*

Was sagte der Elefant
zum nackten Mann?
„Wie atmest du bloß durch das Ding?"

What is Draculas favorite Pizza?
Pizza Tamponato.

Draculas Lieblingspizza?
Pizza Tamponato.

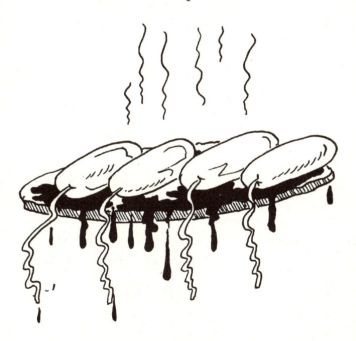

*What's red and white and
hangs from a tree?
A baby
run over by
a snowblower.*

Was ist rot und weiß
und hängt am Baum?
Ein Baby, das vom Schneepflug
überfahren wurde.

*What'll it take to
reunite the Beatles?
Three more bullets.*

Was braucht's um die Beatles
wieder zu vereinigen?
Noch drei Kugeln.

Why did the Scottish couple decide to have only four children? Because they heard on TV that one of five babies born today is Chinese.

Warum wollte das schottische Ehepaar
nur vier Kinder?
Sie haben im Fernsehen gehört,
daß jedes fünfte Kind,
das heute geboren wird,
ein Chinese ist.

A Jew, a Hindu, and an Irishman were travelling together. As night fell they came to a little country inn. The innkeeper explained that only two beds were available in the inn but he would be glad to make up a comfortable cot for the third man in the barn. So the three travelers drew straws, and it fell upon the Jew to sleep in the barn. A few minutes later there was a knock on the door to which the innkeeper responded. „I am so sorry," explained the Jew, „but there is a pig in the barn, and my religion forbids me to sleep under the same roof as a pig."

The Hindu had taken the next straw, and out he went. In a few minutes, though, there was another knock, and the innkeeper opened the door on the indian fellow. Apologizing gracefully, he explained that his religious persuasion forbade him to share shelter with a cow, and there was indeed such a creature in the barn.

Finally, out went the Irishman. In a few minutes there was yet another knock on the door, which the innkeeper answered.

On the sill stood the pig and the cow.

Ein Jude, ein Hindu und ein Ire waren zusammen unterwegs. Eines Abends kamen sie zu einem sehr ländlichen Gasthof. Der Wirt erklärte ihnen, daß er im Haus leider nur zwei Betten zur Verfügung stellen könnte, aber er würde gerne für den Dritten eine gemütliche Schlafstätte im Stall herrichten. Die drei Männer zogen Strohhalme, und das Los entschied, daß der Jude im Stall schlafen muß. Ein paar Minuten später klopft es an der Tür, der Wirt macht auf. „Tut mir echt leid", sagt der Jude, „aber da ist ein Schwein im Stall, und meine Religion verbietet mir, mit einem Schwein unter einem Dach zu schlafen.

Das Los fiel auf den Hindu, also ging er raus in den Stall. Ein paar Minuten später klopft es wieder, der Wirt macht auf, und der Inder steht in der Tür. Mit tausend Entschuldigungen erklärt er, daß seine religiösen Überzeugungen es ihm verböten, mit einer Kuh das Lager zu teilen und es sei leider eine draußen im Stall.

Also muß letzten Endes der Ire raus, um im Stall zu schlafen. Wenig später klopft es wieder, der Wirt macht verdutzt die Tür auf. Auf der Türschwelle stehen das Schwein und die Kuh.

*Why was the homosexual fired from
his job at the sperm bank?
For drinking on the job.*

Warum verlor der Schwule seinen
Job bei der Samen-Bank?
Trinken im Dienst.

A woman came to the supermarket, went over to the butcher counter, and announced her desire to buy a Long Island duck. The butcher obligingly went to the back room and came out with a fine-looking-duck.

The woman stuck her finger up the duck's ass and announced: „I'm sorry, this won't do. This is a Maine duck."

The butcher raised his eyebrows, but soon returned with another duck.

„O," pronounced the woman, her finger up the second duck's ass, „this duck is from Minnesota."

Barely restraining, the butcher fetched a third duck.

„Now this," said the woman, smiling after the same inspection, „this is a Long Island duck. Thank you so much." She was about to leave when she turned back to the counter and asked, „Say, you're new here, aren't you? Where are you from?"

The butcher pulled down his pants, turned around and said: „You tell me, lady!"

Kommt eine Frau in den Supermarkt, geht zur Fleisch-Theke und verlangt nach einer polnischen Ente. Geflissentlich geht der Metzger in den Vorratsraum und kommt mit einer vorzüglich aussehenden Ente zurück.

Die Frau steckt ihren Finger in den Entenarsch und sagt: „Tut mir leid, so geht's nicht. Das ist eine Ente aus Ungarn."

Der Metzger zieht die Augenbrauen hoch, kommt aber schnell mit einer anderen Ente zurück.

„Aha," sagt die Frau mit dem Finger im Arsch der zweiten Ente, „die kommt aus Frankreich."

Der Metzger kann sich kaum noch beherrschen, holt aber eine dritte Ente.

„Jawohl, die ist's!", lobt die Dame lächelnd und zieht den Finger aus dem Loch. „Das ist eine polnische Ente. Haben Sie vielen Dank."

Als sie gerade gehen will, dreht sie sich nochmal um und fragt den Metzger: „Sagen Sie mal, sind Sie neu hier? Wo kommen Sie denn her?"

Da zieht der Metzger die Hose runter, dreht sich um und sagt: „Sie werden's sicher schnell erraten, Gnä' Frau!"

*What do Yoko Ono and the
Ethiopians have in common?
Living of dead beetles.*

*What was John Lennons last hit?
The pavement.*

*Mr. Hasnobone
comes home unexpectedly
and finds his wife
in bed with another man.
He cries furiously:
„What the hell are you doing?"
„What did I tell you?!"
says Mrs. Hasnobone to her lover,
„he's too stupid to realize."*

Mr. Hasnobone
kommt überraschend nach Hause und
überrascht seine Frau
mit einem fremden Mann im Bett.
Wütend brüllt er:
„Was zum Teufel macht ihr da?!"
Sagt seine Frau zu ihrem Liebhaber:
„Was hab' ich dir gesagt?!
Der ist zu blöd, der rafft es nicht!"

*Why can't Santa Claus have babies?
He only comes once a year,
and it's down a chimney.*

Warum kann der Nikolaus keine Kinder haben?
Er kommt nur einmal im Jahr, und immer geht's
den Schornstein runter.

„My daughter lives in a penthouse apartment in Miami," reports Sadie to her friend Sophie. „She goes out to dinner every night at a different restaurant, has beautiful furs and clothes, and lots of boyfriends."
„My daughter's a whore too."

„Meine Tochter lebt in einem Penthouse in Miami.", erzählt Sadie stolz ihrer besten Freundin Sophie. „Jede Nacht geht sie fein zum Essen aus, sie hat herrliche Pelze und Kleider und viele viele Freunde."
„Ja, meine Tochter is' auch Nutte geworden."

How do you distinguish the clans in Scotland? If there's a quarter-pounder under his kilt, he's a MacDonald.

Wie kann man die verschiedenen Clans in Schottland unterscheiden? Wenn ein Viertelpfünder unterm Röckchen ist, ist's garantiert ein MacDonald.

A week before his wedding a young farmer fell of his barn roof into a oile of manure. A bit shaken, he went to the doctor for a checkup. After looking him over, the doctor said: „Well, Tom, you were really pretty lucky, but I do have a bit of bad news for you. When you fell you broke your penis. I can put a splint on it though, and you should be good as new in about two weeks." Of course this didn't make Tom very happy, but since there was nothing he could do about it, he decided to wait until the wedding night to tell his bride and hoped she wouldn't be too upset.

A week later in the honeymoon suite at the local motel Tom still had not mentioned anything about the unfortunate accident. Soon his bride came out the bathroom wearing a very skimpy nightie, blushed and said, „Tom, darling as you know I have never been with a man before..."

Realizing it was now or never, Tom summoned up all his courage, pulled down his shorts and said: „Louise, I have never been with a woman either. See, mine is still in the crate."

Eine Woche vor seiner Hochzeit stürzt ein junger Farmer vom Scheunendach. Obwohl er auf den Misthaufen fällt, hat er sich ein wenig verletzt und läßt sich vom Arzt untersuchen. „Tja Tommy," sagt der Doktor," da hast du nochmal Glück gehabt, aber eine schlechte Nachricht hab'ich doch für dich: du hast dir beim Sturz deinen Schwanz gebrochen. Ich werd' ihn dir schienen, und in ein paar Wochen isser wieder wie neu."

Logisch, daß Tom nicht gerade begeistert war, aber er hatte ja keine andere Wahl. Also beschloß er, es seiner Braut erst in der Hochzeitsnacht zu sagen und hoffte, sie würde nicht allzu böse sein.

Eine Woche später in der Flitterwochen-Suite im Hotel hat Tom seiner jungen Braut immer noch nichts von seinem unglücklichen Unfall erzählt. Als sie aus dem Bad kommt, hat sie ein sehr knappes Negligée an und sagt errötend: „Tom, Schatzi, du weißt ja, daß ich noch nie was mit einem Mann hatte...." Da erkennt Tom seine Chance, nimmt all seinen Mut zusammen, zieht seine Hose runter und sagt: „Louise, ich hab auch noch nie eine Frau vor dir gehabt. Guck mal, es ist noch alles originalverpackt."

A guy got a sunburn at a nude beach. Later, he found lovemaking unbearable, so he went to the kitchen, poured a glass of milk, and inserted himself. His girlfriend, watching from the door, said, „I've always wanted to know how men reloaded that thing!"

Ein Typ hat sich am FKK-Strand einen ziemlichen Sonnenbrand geholt. Später, als er's mit seiner Freundin treiben will, bekommt er höllische Schmerzen, wetzt in die Küche, schenkt ein Glas Milch ein und steckt seinen Schwanz rein.
Seine Freundin kommt hinterher, sieht ihn und sagt: „Ich wollte immer schon wissen, wie Männer das Ding wieder aufladen."

A man is very horny, but also very broke. He manages to scrape up two dollars, however, and goes to the local whorehouse. The madam looks at his money and laughs. She explains that for two dollars there's a special cheapskate room. She ushers him down the hall and shows him into a room, leaving and closing the door behind her. In the room is a full-length mirror and a duck. The man looks at this, and says to himself, „I'm not going to fuck a duck."

However, after thinking it over, he remembers how horny he is, and figures „What the hell, I'll try anything once!" A week later he's horny again, but even more broke. He goes to the whorehouse with his last dollar. The madam laughs and tells him that for one dollar he can't fuck anything, but he can see a good show. She ushers him to a room where several men are gathered around a one way-window, laughing and screeching. Approaching the window, the man sees a guy getting it on with a goat. Remembering last week, he uncomfortably says, „I don't see what's so funny." One of the spectators turns to him and says, „It's not as funny as last week. We had a guy there who was doing it with a duck!"

Ein Typ ist ziemlich geil, aber leider auch ziemlich blank. Irgendwie schafft er es, zwei Dollar zusammenzukratzen und geht in den Puff.

Die Puffmutter guckt auf sein Geld, lacht und erklärt ihm, daß er für zwei Dollar nur in das besondere Billigheimer-Zimmer reindarf. Sie führt ihn durch einige Flure in einen abgelegenen Raum und macht die Tür von außen zu.

Im Zimmer sind nur ein wandhoher Spiegel und eine Ente. Der Mann sieht sich um und sagt zu sich: „Nein, ich werde auf keinen Fall diese Ente ficken." Doch dann fällt ihm wieder ein, wie geil er ist, und er sagt sich: „Zum Teufel auch, man sollte alles mal ausprobieren!"

Eine Woche später ist er wieder geil, aber noch abgebrannter. Er geht mit seinem letzten Dollar in den Puff. Die Puffmutter lacht und erklärt ihm, daß er für einen Dollar nichts zu ficken, dafür aber eine gute Show zu sehen bekommt. Sie führt ihn in einen Raum, wo einige Männer vor einem Fenster stehen und sich kaputtlachen. Als er näher kommt, sieht der Mann auf der andern Seite vom Fenster einen Typ, der's gerade mit einer Ziege treibt. Da erinnert er sich an die vergangene Woche und sagt mit mulmigem Gefühl: „Ich weiß gar nicht, was daran so lustig sein soll." Da dreht sich einer der johlenden Zuschauer zu ihm um und sagt:

„Stimmt, is' längst nicht so witzig wie in der letzten Woche. Da hatten sie einen, der hat's mit 'ner Ente getrieben!"

*Bert and Ethel were debating
whether they should get a house pet,
and if so, what kind.
At long last Bert decided
a bear would be just the thing,
but Ethel was skeptical. „Honey,"
she said, „where will the bear eat?!"
„No problem. We'll train him
to eat at the table with us."
„But where will it go to the bathroom?"
„Don't worry, Ethel.
We'll train him to use the toilet
just like we do."
„Well, where will the bear sleep?"
„He can sleep with us,"
was Bert's answer.
„Sleep with us?!" shrieked Ethel.
„What about the smell?"
„Now Ethel," soothed Bert, „he'll get used
to it - I did."*

Bert und Ethel stritten sich,
ob sie sich ein Haustier zulegen sollten und,
wenn ja, was für eins.
Schließlich und endlich beschloß Bert,
daß es unbedingt ein Bär sein müßte,
aber Ethel blieb äußerst skeptisch:
„Schatzi, wo soll denn der Bär essen?"
„Kein Problem. Wir bringen ihm bei,
mit uns am Tisch zu sitzen."
„Und welche Toilette soll er benutzen?"
„Mach dir keine Sorgen -
er wird lernen,
es zu machen wie wir."
„Gut, aber wo wird der Bär schlafen?"
„Er kann doch bei uns schlafen.",
lautete Berts Antwort.
„Was?! Bei uns!?"
schrie Ethel.
„Und was ist mit dem Geruch?"
„Er wird sich dran gewöhnen, Ethel.
Wie ich ja auch."

I've got a joke so funny it'll make your tits fall off: Oh... I see you've already heard it.

Ich weiß 'nen Witz, der ist so gut, da fallen dir die Titten ab... Oh, du kennst ihn offenbar schon!

What's the leper theme song?
„Put Your Head on My Shoulders."

Das Lieblingslied der Lepra-Kranken?
„Put Your Head on My Shoulders."

And the runner-up?
„I Wanna Hold Your Hand."

---

*How are
an oven and
a woman alike?
You have to get them both hot
before you can stick the meat in.*

Was haben
ein Ofen
und eine Frau
gemeinsam?
Man muß beide erst heißmachen,
bevor man das Fleisch reintun kann.

***What do you call a leper with herpes
who also has AIDS?
Trendy.***

**Wie nennt man
einen Leprakranken,
der außerdem noch
Herpes und AIDS hat?
Voll im Trend.**

*A gay guy came into his doctor's office and said,
„Doc, I think I've got VD."
„From whom?" asked the doctor.
„How should I know? You think I've got eyes in the
back of my head?"*

Kommt ein Schwuler zum Arzt und sagt: „Herr
Doktor, ich glaube, ich hab' Syphilis."
„Von wem?", fragt der Doktor.
„Woher soll ich das wissen? Glauben Sie,
ich hab' hinten Augen im Kopf?!"

Did you hear about the new gay bar?
It's called BOYS-R-US.

Die neue Schwulen-Bar:

"Mommy, Mommy, I don't want hamburger for dinner!"
"Shut up or I'll stick your other arm in the meat grinder.

Mammi, Mammi - ich mag keinen Hamburger zum Abendessen!
Schnauze! Oder ich steck dir den andern Arm auch noch in den Fleischwolf!

"Mommy, mommy, why is everyone running away?"
"Shut up and reload!"

"Mammi, Mammi - warum rennen denn alle weg?"
"Halt's Maul und lade nach!"

What's the difference between Jesus Christ and an oil painting?
You only need one nail to hang up a painting.

Der Unterschied zwischen Jesus und einem Ölbild? - Du brauchst nur einen Nagel, um ein Bild aufzuhängen.

*You know
what elephants use for tampons, right?
Sheep.
But do you know
why elephants have trunks?
Because
sheep don't have strings.*

Du weißt ja, was Elefanten
als Tampon
benutzen, oder?
Schafe.
Aber
weißt du auch,
wozu Elefanten
so einen langen Rüssel haben?
Weil
an den Schafen
kein Bändel dran ist.

The only survivor of a shipwreck, Pierre washed ashore on a desert island. He managed to find food and water, and didn't mind the solitude, but he grew horny as hell. So when a sheep walked down the beach one day, he dragged the beast back to his hut and jumped it. But just as he was starting to get it on, a dog ran out the jungle and began to attack him, and in trying to defend himself from the dog, Pierre had to let the sheep go.

In the weeks that followed, the sheep appeared regulary, but every time Pierre tried to get romantic with her, the dog materialized and attacked him viciously.

Weeks and months went by and Pierre grew hornier and hornier, until his salvation appeared: A lovely joung woman washed up on the shore. She was half drowned, but Piere was able to resuscitate her, and when she came to, she was grateful beyond words. „I would have drowned. How may I repay you? I'll do anything for you, just name it....Anything!"-

„Okay," commanded Pierre.

-„Hold that dog!"

Pierre, der einzige Überlebende eines Schiffsunglücks, wurde an den Strand einer kleinen Wüsteninsel gespült. Zwar fand er dort Essen und Wasser, und auch mit der Einsamkeit hielt er's ganz gut aus, aber im Lauf der Zeit wurde er immer geiler. Als er eines Tages am Strand ein Schaf sah, schleifte er das arme Tier zu seiner Hütte und besprang es. Doch als er gerade so schön zugange war, kam ein Hund aus dem Dschungel und griff ihn an. Also mußte Pierre, um sich vor dem Hund in Sicherheit zu bringen, das Schaf loslassen.

In den folgenden Wochen kam das Schaf immer wieder, doch jedesmal, wenn Pierre seine romantischen Gefühle in die Tat umsetzen wollte, tauchte plötzlich der Hund auf und griff ihn wütend an.

Wochen und Monate vergingen so, und Pierre wurde immer geiler. Eines Tages endlich erschien seine Rettung: Eine bezaubernde junge Frau wurde an Land gespült. Sie war schon halb ertrunken, doch Pierre konnte sie retten. Als sie zu sich kam, war sie über die Maßen dankbar: „Ich wäre fast ertrunken. Wie kann ich dir dafür je danken? Ich tu alles für dich, alles, sag'nur, was du willst...."

„Okay. Halt den Hund fest!"

Why does a dog lick his balls?
Because he can.

Warum ein Hund seine Eier leckt?
Tja, der kann's halt.

A playboy stepped into a bar looking for some action and was delighted to see a gorgeous blonde walk in.

To his dismay, she walked right past him and cosied up to a dirty old alcoholic nursing a whiskey in the corner.

Five minutes later he cheered up when a lovely redhead entered the bar, but she too headed straight for the derelict's table.

At a loss, the stud leaned acrosse the bar and beckoned the bartender.

„What's with that old coot?" he asked.

„Got me," admitted the bartender with a shrug, „though I've been watching him for a while now. All I know is he comes in every day, orders a shot of the house whiskey, sits in the same seat - and licks his eyebrows."

Kommt ein Playboy in eine Bar, um sich ein bißchen umzutun.
Zu seiner Freude kommt eine üppige Blonde ins Lokal.
Doch enttäuscht muß er feststellen,
daß sie direkt an ihm vorbei zu einem alten Penner in die Ecke geht.
Fünf Minuten später jubelt er, weil eine attraktive Rothaarige die Bar betritt. Aber auch sie stapft ohne ihn zu bemerken direkt auf den alten Suffkopp zu. Ziemlich verunsichert fragt der erfolgsverwöhnte Aufreißer den Bar-Keeper:
„Was is' denn das für'n Typ da hinten?!"
„Gute Frage", anwortet der Bar-Mann, „ich hab' ihn auch schon 'ne ganze Weile beobachtet.
Alles was ich über ihn weiß ist das:
Er kommt jeden Tag hier rein, bestellt jede Menge Whiskey, setzt sich immer auf denselben Platz - und leckt sich immer die Augenbrauen."

*What's the only thing
used sanitary napkins
are good for?
Tea bags for vampires.*

**Wofür sind volle
Hygienebeutel
bestens geeignet?
Als Teebeutel für Vampire.**

Look it up in your dictionary:

> The substitute teacher
> was introducing herself
> to the class.
> „My name is Miss Prussy.
> That's like pussycat,
> only with an 'r'".
> The next morning
> she began the day
> by asking
> who remembered her name.
> Little Johnny's
> hand shot up.
> „I do, I do -
> you're Miss Crunt."

Some of his buddies decide to help a fellow who's still a virgin, a very naive about sex. Pooling their funds, they hire a prostitute for their friend for the afternoon, unaware that she's had chili for lunch.

Because the guy is so unexperienced, she suggests some sixty-nine to start, and while they are going down on each other she can't hold in a giant, pungent fart.

A few minutes later she lets out another one, right in his face.

That does it. The virgin jumps up and reaches for his pants, explaining, ,,It sure feels good, but I don't think I can take sixty-seven more of those farts!"

Eine paar Kumpels versuchen ihrem Freund, der noch Jungfrau ist und im wahrsten Sinn des Wortes völlig unbeleckt, ein bißchen auf die Sprünge zu helfen. Sie legen zusammen und mieten für ihren Freund eine Prostituierte für einen Nachmittag, ohne jedoch zu wissen, daß die Gute gerade Chili gegessen hat.

Weil der Junge so schrecklich unerfahren ist, schlägt sie vor, mit der beliebten 69er-Stellung zu beginnen, und während sie sich gerade in die richtige Position bringen, entfleucht ihr ein übelriechender, gigantischer Furz. Und ein paar Minuten später noch einer, direkt in sein Gesicht.

Das war's dann. Der Mann springt auf, schnappt seine Hosen und erklärt:

„Fühlt sich ja wirklich alles ganz toll an - aber noch 67 solche Fürze halt' ich garantiert nicht aus!"

Did you hear about the two sailors and the nurse who were stranded together on a desert island? After three months, the nurse was so disgusted with what she was doing that she killed herself. After three more months, the sailors were so disgusted with what they were doing that they buried her.

Hast du schon
von den zwei Matrosen und der
Krankenschwester gehört,
die auf einer kleinen Insel
gestrandet waren?
Nach drei Monaten
war die Schwester so angewidert
von ihren Taten,
daß sie sich umbrachte.
Nach weiteren drei Monaten
waren die beiden Matrosen
so angeekelt, daß sie sie
endlich begruben.

Know how to make a pussy talk?
Put a tongue in it.

*What do you call an Ethiopian
wearing a turban?*
Q-Tip.

*What do you call
an Irish homosexual?*
Gay-lick.

What does AIDS stand for?
Adios, Infected Dick Sucker.

When Alex was informed by his doctor that he had only twelve more hours to live, he rushed home and told his wife, who collapsed in racking sobs. But then she pulled herself together, clasped his hands in hers, and promised. „Then I'm going to make tonight the best night in your life, darling." She bought all his favorite delicacies, opened a bottle of fine champagne, served him dinner dressed in his favorite sexy peignoir, and led him up to bed, where she made passionate love to him.

Just as they were about to fall asleep, Alex tapped her on the shoulder, „Honey, could we make love again?"

„Sure, sweetheart," she said sleepily, and obliged.

„Once more baby?" he asked afterwards. „It's our last night together."

„Mmmmhmmm," she mumbled, and they made love a third time.

„One last time, darling," he begged a little later, shaking her by the shoulders.

„Fine!" she snapped.

„After all, what do you care?

You don't have to get up in the morning!"

Als Alex von seinem Doktor erklärt wurde, daß er nur noch zwölf Stunden zu leben hat, flizte er heim und erzählte es seiner Frau, die heulend zusammenbrach. Aber dann nahm sie sich zusammen, nahm seine Hände in ihre und versprach: „Ich werde dir die schönste Nacht deines Lebens bereiten, Schatz." Sie kaufte sein Lieblingsessen, machte eine Flasche Champagner auf, zog sich zum Essen ihren aufregendsten Body an und zog ihn dann ins Bett, wo sie's ihm besorgte wie noch nie. Als sie fast schon eingeschlafen sind, tippt Alex ihr auf die Schulter. „Hasi, können wir's nochmal machen?!" „Klar doch, mein Süßer." sagt sie schläfrig und gibt sich hin. „Nochmal, Baby!" sagt er, „Es ist ja unsre letzte Nacht." „Mmmmmhmmmm", murmelt sie, und sie machen's zum dritten Mal.
„Noch ein letztes Mal, Schatz!", bettelt er kurz darauf und rüttelt an ihrer Schulter.
„Fein!" fährt sie ihn an.
„Was kümmert's dich noch?!
Du mußt ja schließlich
morgen früh nicht
aufstehn!"

*One night after work,
Scott is greeted at the door
by his wife
clad in a flimsy negligee.
Before he has a chance
to remove his coat,
she falls to her knees,
yanks his fly down,
pulls his dick out
and proceeds
to give him a wonderful
sloppy blowjob.
„All right!"
Scott sighs.
„What happened
to the car?!"*

Eines Abends, als Scott von der Arbeit kommt, wird er von seiner Frau direkt an der Tür stürmisch begrüßt. Sie trägt ein durchsichtiges Negligée, und bevor er seinen Mantel ausziehn kann, kniet sie schon vor ihm, zieht seinen Reißverschluß auf, holt seinen Schwanz raus und bläst ihm ganz wunderbar einen mit dem Mund. „Okay!", seufzt Scott. „Und jetzt raus mit der Sprache: Was ist mit dem Auto passiert?"

*A man taking a tour
through hell with the devil
saw a room
filled with wine bottles
and beautiful naked women.
„I could have a good time in that room.
This doesn't look like hell,
seems like heaven to me."
he snickered.
„That's what you think,"
said the devil, winking slyly.
„See those wine bottles?
They all have holes in the bottom."
He pointed again.
„See those women? They don't."*

Der Teufel führt einen Mann
in der Hölle herum
und zeigt ihm einen Raum
voller Weinflaschen und
herrlicher junger Mädchen.
„Dort könnt' ich's sicher
'ne Weile aushalten!"
freut sich der Neuankömmling.
„Das sieht mir gar nicht nach Hölle,

sondern eher nach Himmel aus."
„Tja, das glaubst du so.",
antwortet der Teufel.
„Aber du täuschst dich.
Siehst du die Weinflaschen?
Die haben alle ein Loch im Boden.
Und die tollen Mädchen da -
die haben keins!"